Für

❄

INHALT

WESENTLICHER LEBEN
DIE FASTENZEIT ERNEUERN

„Die fabelhafte Welt der Amélie" heißt der Glücks- fall eines französischen Films von Jean-Pierre Jeunet, der im Frühjahr 2001 über 6 Millionen Menschen ins Kino lockte.

Die 22-jährige Amélie Poulain findet in ihrer Wohnung einen verborgenen Schatz: Spielzeuge, Fotos und unscheinbare Alltagsgegenstände, die ein Junge vor Jahrzehnten versteckt hat. Diese Entdeckung lässt Amelie hinaustreten aus ihrer geschlossenen Welt. Sie macht sich auf die Suche des mittlerweile nun 60-jährigen Besitzers. Sie findet ihn und beobachtet aus Distanz, wie er durch seine Kindheitserinnerungen zutiefst gerührt und beglückt ist. Von diesem Moment an beschließt Amélie, andere Menschen glücklich zu machen …

In dieser leichtfüßig-charmanten Filmkomödie entdecke ich zentrale Lebensmotive, die wir alljährlich in der Fasten- und Osterzeit erneuern und verinnerlichen können. Amelie ist durch eine schwierige Kindheit in sich selber gefangen und sie begegnet im Wohnblock und am Arbeitsplatz als Kellnerin in einem Café im Montmartre-Viertel in Paris vielen Menschen, die durch das Leben verbittert und resigniert sind. Sie nimmt diese Realität einfühlsam ernst, doch sie ist nicht mehr bereit, darin gefangen zu bleiben.

Voller Kreativität und Humor begibt sie sich auf eine Entdeckungsreise, um im ganz Alltäglichen, Widersprüchlichen das Kostbare, Wunderbare zu finden und zu entfalten. Amélie entwickelt eine Aufmerksamkeit für das Verwandlungspotential, das in jedem Menschen steckt. Sie entscheidet sich, auszubrechen aus der Gefangenschaft der Ohnmacht und der Apathie. Sie macht sich auf die Suche nach dem Wesentlichen im Leben, indem sie ihre verborgenen Fähigkeiten, das, was zutiefst in ihrem Wesen angelegt ist, nicht mehr länger für sich behält, sondern aus der Solidarität mit anderen zur Entfaltung bringt.

SICH NICHT ABFINDEN MIT OHNMACHT

„Das eigentliche Exil Israels war, dass sie es ertragen gelernt haben", heißt eine rabbinische Weisheit. Damit wird eine Lebenserfahrung angesprochen, die sich nicht nur in der Geschichte Israels – zum Beispiel im babylonischen Exil – festmachen lässt, sondern die zu jedem Prozess der Menschwerdung gehört. Das Schlimmste, was wir uns selber und anderen antun können, ist das Sich-Abfinden mit einer ausweglosen Situation. Die vierzigtägige Fastenzeit will in uns die Hoffnungs- und Widerstandskraft fördern, dass es eine andere Möglichkeit gibt als Fremdbestimmung. Der

Auszug aus Ägypten, der Aufbruch aus der Sklaverei, aus gut eingespielten, lebensbehindernden Mustern kann sich immer wieder in unserer persönlichen und gesellschaftlichen Situation aktualisieren. Darum ermutigt die Fastenzeit zur Sammlung, zu einem einfachen Lebensstil, zur Konzentration der Kräfte, um dem Wesentlichen im Leben mehr Freiraum zu verschaffen. Es bedeutet, ganz bewusst die Opferrolle zu verlassen und sein Leben in die Hand zu nehmen. Dies schreibt sich so einfach! Die vierzig Tage stehen als Ausdruck einer beharrlichen Geduld. Denn das Sich-verwandeln-Lassen von lähmenden Gewohnheiten geschieht nicht an einem Tag. Der Auszug aus Ägypten führt durch die Wüste, durch Zeiten der Verunsicherung, der Zweifel, der Durststrecken. Zugleich wird uns verheißen, Oasen zu finden, Orte mit Verbündeten, mit Menschen, die sich nicht mit der Oberflächlichkeit in Beziehungen und in der Arbeitssituation abfinden, sondern das Wesentliche in neuen Formen des Zusammenseins suchen.

NICHT GELEBT WERDEN

Unsere Welt braucht Frauen und Männer, die nicht mehr länger bereit sind, sich durch die Ereignisse, die Erwartungen, die Sachzwänge und Ansprüche leben zu lassen. Die Fastenzeit will uns zur Langsamkeit bewegen, damit wir nicht dauernd re-agieren, sondern vermehrt agieren aus unserer Mitte, aus Gott heraus. In dieser Grundhaltung kann ich einüben, schwierige Situationen in meinem Leben nicht einfach über mich ergehen zu lassen, sondern mich zu fragen, was für eine Wachstumschance sich darin zeigt. Dazu braucht es diesen mystischen Blick nach innen, um durch die Distanz zur Tagesordnung einen anderen Zugang zu meinem Alltag zu gewinnen.

Die Besinnung auf das Wesentliche im Leben geschieht nicht aus lebensverneinenden Motiven heraus. Ganz im Gegenteil, aus Liebe zum Leben, sind wir aufgerufen, vermehrt Grenzen für mehr Menschlichkeit und Gerechtigkeit zu setzen. Glücklich werden wir nicht, wenn wir noch mehr *haben*, sondern wenn wir miteinander mehr *sein* können, um die Kraft des Teilens zu erfahren. Die entwicklungspolitischen Sensibilisierungsaktionen, die „Miseror", „Fastenopfer/Brot für alle" oder „Familienfastentag" für die Fastenzeit zusammenstellen, durchbrechen die lähmende Einsicht, dass wir eh nichts tun können und eh nicht wissen, wohin das Geld kommt. In den ganz konkreten Projekten, die wir auswählen und für die wir uns engagieren können, vergegenwärtigt sich die religiöse Sicht der Welt, dass ich nie Einzelner bin, sondern immer Teil eines Ganzes.

DAS WESENTLICHE IST SCHON DA

In der Lebensschule Jesu entdecke ich, was wesentlich ist im Leben. Es verdichtet sich in den Begegnungen Jesu, in denen er Menschen auf sich selber zurückwirft. Jesus unterstützt nicht die Symptombekämpfungen, die Vertröstungen, sondern er ermutigt uns, der Ungerechtigkeit, den Verwundungen, der Angst, dem Misstrauen auf den Grund zu gehen. Darum überhäuft er die Menschen in seinen heilenden Begegnungen nicht mit Lösungen und Rezepten, sondern er ermutigt sie, ihre Lebensgrundhaltung zu überdenken. Darin liegt der wesentliche Sinn der Fastenzeit: in einer Standortbestimmung eine selbstbewusste Spiritualität zu fördern, um sich authentischer mit anderen für mehr Lebensqualität ein- und auszusetzen. Wenn ich zurückschaue auf meinen spirituellen Weg, so finde ich im Markusevangelium in wenigen Worten verdichtet, was Jesus in das Leben der Menschen hineingesprochen hat und immer wieder neu spricht:

„Die Zeit ist erfüllt,
das Reich Gottes ist nahe.
Kehrt um und glaubt an das Evangelium!" (1,15).

Diese Worte entlasten mich, denn sie erinnern mich, dass das Wesentliche schon da und dass alles bereit ist. Die Lösungen meiner Fragen liegen in der Frage selbst.

Darum traue ich dem Frag-würdigen in meinem Leben. Denn ich bin nicht nur Teil einer jahrhundertelangen Weggefährtenschaft, sondern Teil der Schöpfung und des ganzen Kosmos. Die Fastenzeit will in mir diesen umfassenden Blick für das Ganze neu schärfen. Das Göttliche in allem zu suchen, zu finden, zu feiern – das ist die *gute Nachricht*, die entlastet und mir ermöglicht, im richtigen Lot zu sein. Daraus wächst die ökologische Achtsamkeit und der tiefe Respekt vor aller Kreatur. Da beginnt die Umkehr, indem ich mich vom Irrtum löse, ich könne mir das Wesentliche erleisten. Es ist immer Geschenk. Diese Wirklichkeit erahne ich, wenn ich mir jeden Tag vergegenwärtige, wie jung und alt, Frauen und Männer aufmerksam ihr Leben gestalten.

Amélie vom Montmartre gehört zu ihnen. Sie bricht auf mit anderen einer menschenfreundlicheren Atmosphäre entgegen. Durch ihr Dasein im Café verändert sich die Welt. Die Mystikerin Madeleine Delbrêl (1904–1964), die in einem Pariser Vorort aus dem christlichen Glauben ihr soziales Engagement lebte, bringt es in ihrer „Liturgie der Außenseiter" auf den Punkt:

„Du hast uns heute Nacht
in dieses Café Le Clair de Lune geführt.
Du wolltest dort du selbst sein, in uns,
für ein paar Stunden der Nacht.
Durch unsere armselige Erscheinung,

durch unsere kurzsichtigen Augen,
durch unsere liebeleeren Herzen
wolltest du all diesen Leuten begegnen,
die gekommen sind, die Zeit totzuschlagen.
Und weil deine Augen in den unsren erwachen,
weil dein Herz sich öffnet in unserm Herzen,
fühlen wir,
wie unsere schwächliche Liebe aufblüht,
sich weitet wie eine Rose,
zu einer Stätte der Zuflucht, zärtlich und ohne Grenzen
für all diese Menschen, die hier um uns sind.
Das Café ist nun kein profaner Ort mehr."

Madeleine Delbrêl, Der kleine Mönch, Ein geistliches Notizbüchlein. Freiburg i. Br. 1981, 83.

Zu diesem sinnstiftenden Mitsein lädt die Fastenzeit ein, damit wir mit aller unserer Begrenztheit und unseren Verwundungen entdecken, dass jeder Ort auf dieser Welt zum heiligen Ort werden kann, wo Menschen aufblühen können.

❄

Wesentlich werden
Tag für Tag klarer erkennen
was zutiefst in meinem Wesen
angelegt ist

Wesentlich werden
mich neu ausrichten
auf mein inneres Feuer
das meine persönliche Entfaltung fördert
und mein Engagement für Gerechtigkeit nährt

Wesentlich werden
im wohlwollen Blick
der ausziehen lässt aus innerem Gefangensein
und mit anderen neuer Beziehungsfähigkeit
entgegengeht

Wesentlich werden
die Kraft der Fastenzeit verinnerlichen
im Widerstand gelebt zu werden
im Aufstand für heilende Gastfreundschaft

LEIDENSCHAFTLICHER LEBEN
DIE KARWOCHE ERNEUERN

„Das Zimmer des Sohnes – La Stanza del figlio" heißt der Siegerfilm des Filmfestivals von Cannes 2001. Der italienische Regisseur Nanni Moretti spielt darin überzeugend selber die Hauptrolle: einen Psychotherapeuten, der durch den plötzlichen Unfalltod seines 17-jährigen Sohnes in eine große Krise gerät. Mir fällt es nicht schwer, in diesem einfühlsamen Film die existenziellen Themen der Karwoche mitzuerleben, ohne irgend jemanden vereinnahmen zu wollen. Das Leben einer Familie wird brutal durch-kreuzt. Der Tod stellt alles in Frage. Was der Therapeut bei anderen an Hoffnung und Lebenskraft wecken konnte, kommt bei ihm selber nicht mehr zum Tragen. Paradoxerweise weckt dieser Film in mir eine große Hoffnung, weil da die Ohnmacht und die Verunsicherung ausgehalten werden. Meine Tränen fließen, weil Urmenschliches möglich wird: Menschen, die in den dunkelsten Stunden des Lebens, in Verzweiflung und Empörung einander nicht alleine lassen. Der Kreuz- und Auferstehungsweg Jesu, sein leidenschaftliches Mitsein wird darin für mich erneuert. Denn wir müssen alles Menschenmögliche tun, um das Leiden auf dieser Welt zu verhindern, und zugleich jeden Tag annehmen, dass es keine Freundschaft, keine Liebe ohne Leiden gibt.

SYMPATHISCHES MITSEIN

Am Montag der Karwoche ist ein Evangelium vorgesehen, dass leider in der Kirchengeschichte und bis heute viel zu wenig Beachtung und Anerkennung erhalten hat:

„Als Jesus in Betanien im Haus Simons des Aussätzigen bei Tisch war, kam eine Frau mit einem Alabastergefäß voll kostbarem, wohlriechendem Öl zu ihm und goss es über sein Haar. Die Jünger wurden unwillig, als sie das sahen, und sagten: ‚Wozu diese Verschwendung? Man hätte dieses Öl teuer verkaufen und das Geld den Armen geben können.‘ Jesus bemerkte ihren Unwillen und sagte zu ihnen: ‚Warum lasst ihr die Frau nicht in Ruhe? Sie hat ein gutes Werk an mir getan. Denn die Armen habt ihr immer bei euch, mich aber habt ihr nicht immer. Als sie das Öl über mich goss, hat sie meinen Leib für das Begräbnis gesalbt. Amen, ich sage euch: Überall auf der Welt, wo dieses Evangelium verkündet wird, wird man sich an sie erinnern und erzählen, was sie getan hat‘“ (Matthäus 26,6–13).

Diese Begegnung berührt mich sehr. Darin verdichtet sich in wenigen Worten, was die bleibende Kraft des Lebensweges Jesu ausmacht. Diesen Weg der Sympathie (griech.: des Mitleidens) ist dieser Liebhaber des Lebens aus Nazaret voll innerer Überzeugung gegangen, damit jede und jeder von uns auf ihre/seine eigene Art und

Weise diesen Weg mitvollziehen kann. Die Frau mit dem Alabastergefäß – leider ohne Namen! – steht für diese Zusage und diese Wirklichkeit. Matthäus situiert diese sympathische Geste nach dem Todesbeschluss des Hohen Rates und vor dem Verrat durch Judas. Mitten in einer angespannten Situation, angesichts von Leben und Tod, folgt eine Frau ihrer Intuition und gießt kostbares Öl auf das Haupt Jesu. In einer Grenzsituation des Lebens, wo jedes Wort zuviel sein kann, drückt sie durch ihre Geste aus, was sie in der Lebensschule gelernt hat. Sie salbt sein Haupt – nicht wie bei Lukas und Johannes die Füße Jesu –, was für mich Ausdruck ihres Selbstbewusstsein ist. Für diese Frau, diese hoffnungsvolle Tat angesichts von Ungerechtigkeit und Ohnmacht ergreift Jesu Partei. Er stellt sie in die Mitte, er widerspricht den Jüngern und ruft auf, sich ihrer immer wieder zu erinnern. Jesus weist über sich hinaus. Am Beispiel dieser Frau wird vergegenwärtigt, was die zentrale Ausrichtung des christlichen Glaubens ist: „Was ihr für einen meiner geringsten Brüder getan habt, das habt ihr mir getan" (Matthäus 25,40). Die Karwoche ermutigt uns, einander in den durch-kreuzten Hoffnungen und Plänen nicht allein zu lassen. Obwohl jede und jeder selber durch solche Engpässe des Lebens gehen muss, kann sich durch das gemeinsame Aushalten, Mitleiden intensives Lebens ereignen.

LEIDENSCHAFTLICHES MITSEIN

In der Begleitung vieler Menschen auf ihrem spirituellen Weg spüre ich oft den Anspruch, irgendwann über den Dingen zu stehen: „Jetzt bin ich so lange auf diesem Weg und ich begegne immer wieder den alten Fragen, bin zurückgeworfen auf alte Verwundungen, komme nicht um meinen Schatten herum!" Ich kenne sie auch, diese Sehnsucht nach mehr innerer Ruhe. Der Weg Jesu zeigt mir, dass ich leidenschaftlicher lebe, wenn ich alltäglich lerne, dass die Unruhe bis zum Tod zum Leben gehört. Leidenschaftlich leben bedeutet, in dieser Spannung zu bleiben. Der Kreuz- und Auferstehungsweg Jesu führt mich nicht „über" die Dinge, sondern ermöglicht mir, mich noch mehr „in" alle Dimensionen des Lebens einzulassen, um sie Gott überlassen zu können. Denn der Weg Jesu ist voller „Compassion", voll leidenschaftlichem Mitgefühl. Seine Sammlung, seine Konzentration auf das, was wesentlich ist im Leben, führt nicht in eine Abgehoben- und Verklärtheit, sondern mitten hinein in Lebenslust und Lebensschrei.

So er-löst er uns von der lebensbehindernden Vorstellung, dass Leben in Fülle nur Harmonie, Glück, Zufriedenheit bedeute. Die Karwoche lässt uns wahrlich das Leben in seiner Fülle erfahren; Nähe und Distanz sind da in allen Begegnungen spürbar. Jesus überging nicht diese Dimension des Lebens, sondern er ging da hindurch, damit niemand mehr sich alleine fühle. So ermöglichen uns, die Tage des Gründonnerstags, des Karfreitags und des Karsamstags, unser Leben angesichts von Freud und Leid zu deuten und zu vertiefen, damit wir uns verwurzeln können in diesem Heilsgeschehen. Jesus erlöst mich von der Allmachtsphantasie, alles alleine schaffen zu müssen. Darin liegt die heilende Kraft, die meine Verkrampfungen löst, indem Tränen fließen und Schreie ausgedrückt werden. Der Weg Jesu eröffnet mir eine geerdete Spiritualität, in der die Spannungen nicht aufgehoben sind, sondern mir eine überzeugende Lebensweise ermöglicht anders mit Spannungen umzugehen:

Zwischen Nähe und Distanz – das letzte Abendmahl

Nähe und Distanz sind Grundbedürfnisse unserer Existenz. Dies verdeutlicht sich auch am letzten Abendmahl. Beim Pessachfeiern drückt Jesus mit den Menschen, die ihm nahe sind, seine Verwurzelung aus. Wir Menschen brauchen Symbole, Rituale, Feiern, um das Wesentliche und das Leidenschaftliche unseres Lebens auszudrücken. Jesus verwurzelt seinen Weg im Exodusgeschehen, im Auszug aus der Knechtschaft. Es gibt eine andere Möglichkeit als Fremdbestimmung: die innere Freiheit. Jesus verwurzelt seinen Weg in der Schöpfung, indem er die Vertrauenszeichen von Brot und Wein ins Zentrum stellt, um darin seine Ideale, sein Sterben und sein Vertrauen in die Liebe, die stärker ist als der Tod, zu verdichten. Leben und Tod, Freud und Leid sind ganz nahe beieinander. Auch da zeigt sich die ganze Intensität unseres Lebens, weil bei diesem Feiern nicht nur Nähe, sondern auch Distanz spürbar war. Der Verrat durch Judas steht für diese Erfahrung, die auch zu einem leidenschaftlichen Leben gehört.

Nähe und Distanz sind Grundhaltungen, die sich dann auch in der Nacht, in Getsemani erkennen lassen: die Nähe der Jünger im Mitgehen und die Distanz der Jünger im Einschlafen. Jesus fällt diese Spannung nicht leicht, er hält sie aus, ringt um die Treue zu seinem ureigenen Weg, damit wir uns immer wieder in seinen Erfahrungen verwurzeln können.

Zwischen Gewalt und Gewaltfreiheit – Karfreitag

Das Leben in seiner ganzen Faszination und Widersprüchlichkeit begegnet mir im Geschehen am Karfreitag.

All das Widerwärtige, das Menschen einander antun können, finde ich auch im Weg Jesu: Demütigung, Gewalt, Hohn, Verleugnung, Folter, brutale Eigendynamik der Masse, Ungerechtigkeit, Todesstrafe, Hinrichtung, Alleingelassenwerden.

All das Hoffnungsvolle angesichts schrecklicher Tatsachen begegnet mir da ebenso: das Mitgehen, Weinen, Klagen, Mittragen des Kreuzes, Solidarität unter Leidenden, schweigender Protest, Dableiben und gemeinsames Aushalten der Not.

In dieser Spannung bewegt sich Jesus zwischen Erde und Himmel. Er verliert sich gerade nicht in der Opferrolle, sondern bleibt in all den Auseinandersetzungen mit dem Gericht, mit Pilatus, mit dem Pöbel in Beziehung mit seiner Mitte, mit seinem Gott und dadurch mit allen Menschen. So durchbricht er die Spirale der Gewalt und bewegt uns alle bis heute zum gewaltfreien Widerstand. Leidenschaftlicher kann er seine Liebe zu aller Kreatur nicht ausdrücken.

Es gibt eine andere Möglichkeit als die Eskalation der Gewalt: sich nicht ducken und nicht zurückschlagen, sondern selbstbewusst aufgerichtet zwischen Erde und Himmel gewaltfrei Widerstand leisten. So löst er uns aus der Verstrickung in Hass und Bitterkeit. Dadurch eröffnet er uns den Himmel, den es aller Gewalt zum Trotz in jedem Menschen zu suchen gilt! Im Beten und Schreien der Worte aus dem Psalm 22 „Mein Gott, mein Gott, warum hast du mich verlassen?" verbindet er sich für immer mit allen Leidenden. Sein Schreien ist der Ausdruck seiner leidenschaftlichen Gottesbeziehung, damit kein Mensch das Dunkel der Nacht und der Verzweiflung alleine durchstehen muss. In allen Schreien nach Sinn, nach Zuwendung, nach Frieden, nach Freiheit schreit er mit. Sein gewaltfreier Widerstand ruft uns bis heute zu einem Versöhnungsweg auf, indem wir miteinander eine Konfliktkultur einüben, damit echter Frieden in Gerechtigkeit möglich wird.

Zwischen Zu-Grunde-gehen und Geschehenlassen – Karsamstag

Seit ich der Mystik von Johannes Tauler (1300–1361) begegnet bin, ist mir die Spiritualität vom Karsamstag ans Herz gewachsen. In einer persönlichen Lebenskrise in der Mitte des Lebens entfaltet der Mystiker aus Straßburg eine Mystik des Zu-Grunde-Gehens: Geh den Dingen auf den Grund, auch wenn es weh tut und wie ein Sterbeprozess ist, daraus erwächst dir eine neue Lebenskraft. Jesus ging zugrunde, um uns den Sinn des Lebens aufzuzeigen.

In unserer Kapelle (Abbaye de Fontaine-André, Neuchâtel) befindet sich eine Ikone, die das Geschehen des Karsamstag ausdrückt: Jesus steigt hinab in das Reich des Todes. Er steigt hinunter in all die Abgründe, damit auch wir die Kraft haben, dem Schwierigen, Unerlösten, Verletzten, Zerbrechlichen unseres Lebens auf den Grund zu gehen. Nur so ist echte innere Heilung möglich. Auf einem spirituellen Weg stoßen wir nebst dem Entdecken unserer Stärken und Gaben immer auch auf unsere Grenzen, unseren Schatten. Da kommen wir alleine oft nicht weiter, sondern sind aufgerufen, dem Wunder des Geschehenlassens mehr zu trauen. Es liegt nicht alleine an uns und an unserem guten Willen. Verwandlung, Wachstum, Reifeprozesse, Versöhnung sind nicht machbar, sie bleiben Geschenk.

Zu-Grunde-gehen und Geschehenlassen stehen auch in unseren Kirchen an. Wir sind in einem intensiven

Wandlungsprozess. Wandlung bedeutet immer Sterben. Vieles muss sterben in unseren Kirchen, damit Auferstehung sich ereignet. Dass es keine eigentliche Feier für die lebensfördernde Wirklichkeit des Karsamstags gibt, ist für mich symptomatisch. Nach dem intensiven Feiern des Karfreitags, konzentriert sich am Karsamstag die ganze Energie auf die Vorbereitung von Ostern. Dies ist verständlich und kaum umgänglich. Trotzdem bedaure ich sehr, dass uns die tiefe Lebensweisheit des Karsamstags abhanden gekommen ist. So verfestigt sich die Gefahr, dass das ganze Jahr hindurch die spirituelle Dimension des Geschehenlassens, der Wüsten- oder Oasentage, des Raumschaffens, des Nichtstuns, des Schweigens zu kurz kommt.

Wir brauchen eine Pastoral der *Leere*! Nur so wird die mystische Dimension des christlichen Glaubens auferstehen! In all unserem Feiern von Tod und Auferstehung braucht es Leer-räume, worin die gesprochenen Worte, die Symbole und die Rituale nachwirken können, damit Gottes heilender Geist uns wirklich berühren kann. Dieser Freiraum kommt mir eben auch im Film „Das Zimmer des Sohnes" so wohltuend-tröstend-heilsam entgegen. Weil „so wenig" in diesem Film geschieht, ereignet sich so viel in mir. Der Psychotherapeut hält die Trauer mit seiner Frau und seiner Tochter aus. Darum sind sie nach harten Zeiten auch fähig, die heimliche Freundin ihres verstorbenen

Sohnes zu empfangen und sie in einen neuen Lebens-
abschnitt zu begleiten. Überzeugend leise weht in dieser
Geste der Geist der Auferstehung …

Dem Leiden nicht mehr ausweichen
Ohnmacht spüren
Tränen fließen lassen
Empörung ausdrücken

Meine durch-kreuzten Hoffnungen
und die himmelschreiende Ungerechtigkeit
in Verbindung bringen mit dem
Kreuz- und Auferstehungsweg Jesu
um intensives Leben zu erfahren

Gewaltfrei Widerstand leisten
mein Möglichstes tun
um das Leiden zu verhindern
zugleich verinnerlichen
dass es keine Liebe ohne Leiden gibt

Die Angst vor der Leere verwandeln lassen
hinabsteigen in die eigenen Abgründe
heilendes Aufgerichtetwerden
mir schenken lassen

BEFREITER LEBEN
OSTERN ERNEUERN

„Billy Elliot" heißt der englische Erstlingsfilm von Stephen Daldry, der für mich eine große Auferstehungskraft ausstrahlt. Da begegnen mir Bilder, die ganz tief in meiner Seele weiterleben, weil sie darin eine große Resonanz gefunden haben. Der Film führt uns nach Nordengland, einer Region, in der es eher unüblich ist, dass Jungen sich für Ballett interessieren und nicht fürs Boxen. Der elfjährige Billy, Sohn eines verwitweten Minenarbeiters, hat es deshalb schwer, seinen Lebenstraum zu verwirklichen. Mitten im politischen Aufruhr der Achtzigerjahre nimmt Billy heimlich Ballettlektionen.

Der intensivste Moment ist für mich in diesem Film die Szene, wo der Vater mit Entsetzen entdeckt, dass sein Sohn trotz Verbot Tanzunterricht genommen hat. Billy tanzt in einer großen Halle. Als sein Vater schockiert den Raum betritt, geht Billy aufrecht auf ihn zu, steht gerade vor ihn hin, schaut ihm in die Augen und beginnt zu tanzen und tanzt, tanzt, tanzt ... Ostermorgen hier und jetzt. Gott will keine gekrümmten Menschen. Er ruft zur Lebendigkeit auf, zum Geradestehen für sein Leben, seinen Talenten und seinen Eigenheiten.

SICH AUFRICHTEN LASSEN

Der Mystiker Bernhard von Clairvaux (1090–1153) entfaltet seine Mystik der Selbst- und Gotteserkenntnis auch mit dem Bild des Gekrümmtseins und des Aufgerichtetwerdens. Das Gleichnis Jesu vom verlorenen Sohn (Lukas 15,11–32) deutet er als Weg der Selbstentfremdung und Selbstfindung. In der Entfremdung von der Liebe, von Gott, entfremdet sich der Mensch auch von sich selbst. Gekrümmt ernährt sich der „verlorene Sohne" von den Schoten der Schweine. Trotz aller Zumutungen des Lebens, die wir uns selber antun oder die uns widerfahren, ist nach Bernhard vom Clairvaux in jedem Menschen der „Adel des Aufrechtstehenden". Auch wenn in einer persönlichen Re-flexion die Gefahr eines narzistischen Sich-Zurückbeugens besteht, sind wir zu einer befreienden Selbsterkenntnis aufgerufen. Das Ostergeheimnis erzählt uns von der verrückten Hoffnung, dass jeder Mensch er selber wird, zu sich steht, um im Entfalten seiner Gaben seine Lebensaufgabe zu entdecken: Auf-gabe im doppelten Sinn. Der Weg Jesu ist Garant für diese Erfahrung! Er ermutigt uns jeden Tag, neu aufzustehen, ja zu sagen zu seinen Fähigkeiten und Begrenzungen. Er bestärkt uns, einander gegenseitig aufzurichten, damit wir nicht an Leib, Geist und Seele verkümmern.

ALLTÄGLICH AUF-ER-STEHEN

Seit einiger Zeit begleitet mich ein kraftvolles inneres Bild. Ich sehe viele Menschen auf der ganzen Welt, die voll und ganz dastehen im Leben:

Menschen, die gerade stehen für ihr Leben, für ihre Gaben und ihre Grenzen.

Menschen, die mit Rückgrat einstehen für zärtliche Gerechtigkeit.

Menschen, die alltäglich einüben, bewusst dazustehen, um Gott als tragenden Grund zu erfahren.

Menschen, die aufstehen und sich auf den Weg machen, um Kranken, Einsamen, Fremden und Ausgegrenzten entgegenzugehen.

In diesem Bild verdichtet sich, was jeder und jedem von uns verheißen ist: Christus steht auf in uns, um uns und unser Leben zu verwandeln.

Der Kreuz- und Auferstehungsweg Jesu, auf dem wir jetzt in der Fasten- und Osterzeit wieder Jesus bewusst begegnen können, verweist auf die Mitte unserer Existenz. In all unseren durchkreuzten Vorstellungen, in unseren alltäglichen Enttäuschungen über uns selbst und über andere wird uns die Kraft der Auferstehung zugesprochen. Indem wir die Verletzlichkeit und die Brüchigkeit unseres Lebens annehmen, eröffnet sich uns eine neue Weltsicht. Wir können so am Schwierigen wachsen und reifen. Gerade da, wo wir selber nicht mehr weiter wissen, kann sich in uns eine neue schöpferische Lebenskraft entwickeln. Sie ereignet sich, wenn wir immer wieder einüben loszulassen.

In den letzten Jahren habe ich bei meinen Lesungen und Kursen mit Tausenden von Menschen dieses Dastehen eingeübt. Natürlich immer in der Haltung, dass diese schöpferische Kraft letztlich ein Geschenk bleibt.

Ich erinnere mich zum Beispiel an die Bibelarbeit beim Evangelischen Kirchentag in Frankfurt (2001). Die verbindende Kraft, die entsteht, wenn wir etwas achtsam tun, was heute so schwierig geworden ist: bewusst dastehen in der Rückverbindung mit so vielen lebenden und verstorbenen Menschen, die aufgestanden sind für das Leben. Mein inneres Hoffnungsbild wird dadurch immer wieder erneuert: Menschen überall auf der Welt, die achtsam dastehen und die aufstehen für die Tiefendimension unserer Beziehungen. Dieses Innehalten ist überall möglich, im Bus, am Arbeitsplatz, beim Einkaufen, in der Kirche, beim Abwachsen, beim Spazierengehen.

Diese österliche Lebensgrundhaltung verbindet mich auch zutiefst mit kranken und behinderten Menschen, die nicht mehr aufstehen können und die durch ihr alltägliches Einüben, zu ihrer besonderen Begrenzung ja zu sagen, noch tiefer im Leben und im Vertrauen in Gott stehen.

Auferstehung im Alltag geschieht für mich auch, wenn Menschen sich von ihren festgefahrenen Vorstellungen

lösen und sich im Dialog neu auf Beziehungen ein-
lassen. In unserer Zeit, wo sich Ohnmacht und Resig-
nation immer mehr ausbreiten, schließe ich ab und zu
die Augen und erinnere mich, wie seit Jahrtausenden
Frauen und Männer aufgestanden sind mit Christus,
um Kreativität, Mitgefühl, Hoffnung und Vertrauen aus-
zustrahlen. Jeden Tag kann ich diesen Menschen begegnen, die Zeugnis des Auferstandenen ablegen, der
auch durch uns aufscheinen will. Dieser mystische
Blick, Teil einer großen Weggefährtenschaft zu sein,
befreit mich zutiefst von der Vorstellung, es hänge nur
von mir ab.

Ich kann mein Möglichstes tun und vertrauen, dass
auch andere dies jeden Tag neu tun.

Billy Elliot ermutigt zu diesem befreienden Lebenstanz.
Die Mystikerin Madeleine Delbrêl tut es auch:

„Um gut tanzen zu können,
braucht man nicht zu wissen,
wohin der Tanz führt.
Man muss ihm nur folgen,
darauf gestimmt sein,
schwerelos sein –
und vor allem man darf sich nicht versteifen …
Wenn wir wirklich Freude an dir hätten, mein Gott,
könnten wir dem Bedürfnis zu tanzen nicht widerstehen,
das sich über die Welt ausbreitet;
und wir könnten sogar erraten,

welchen Tanz du getanzt haben willst,
indem wir uns den Schritten deiner Vorsehung überließen."

Madeleine Delbrêl, Wir Nachbarn der Kommunisten. Johannes-
verlag Einsiedeln 1975, 67.

Die Christuskraft in jedem Menschen lässt uns ver-
trauensvoll den befreienden Lebenstanz wagen, damit
wir alltäglich auferstehen können.

Auferstehung mitten
im Dunkel unserer Zweifel
im Umherirren
in der Empörung
DICH
den Auferstandenen
in den Wundmalen unserer Zeit erkennen

Auferstehung mitten
in unserem Aufgerichtetsein
im lustvollen Feiern
im solidarischen Aufbruch
DICH
den Auferstandenen
im Brechen des Brotes erkennen

Auferstehung mitten
in der Befreiung von Zwängen
im Aufstand für zärtliche Gerechtigkeit
im versöhnenden Händereichen
DICH
den Auferstandenen
in den Friedeninitiativen weltweit erkennen

Für Michael Beck

aus Dankbarkeit für seine Kreativität

Umschlagmotiv: Florian Werner, Uffing

Bilder im Innenteil: Wolfgang Müller, Oberried

Alle Rechte vorbehalten – Printed in Belgium

© Verlag Herder Freiburg im Breisgau 2002

www.herder.de

Druck und Bindung: Proost, Turnhout 2002

Gedruckt auf umweltfreundlichem,

chlor- und säurefrei gebleichtem Papier

ISBN 3-451-27695-X